Dieses Buch gehört

Liebe Eltern,

wir wollen Ihr Kind beim Lesenlernen unterstützen, und zwar mit spannenden und lustigen Geschichten.

Unsere Bücher mit der liebenswerten Bildermaus begleiten Ihren Sohn oder Ihre Tochter durch die Vorschule. Sie enthalten kurze Geschichten mit einfachen Sätzen sowie großer und leicht lesbarer Schrift. Hauptwörter werden durch kleine Bilder ersetzt. Lesen Sie die Geschichten vor und lassen Sie Ihr Kind die Bilder selbst benennen. Am Ende finden Sie eine Bild-Wörterliste mit den einzelnen Bedeutungen. Viele bunte Illustrationen sorgen außerdem für Lesepausen und helfen, die Geschichte zu verstehen.

So wird der Spaß am Lesen geweckt, und Ihr Kind wird ganz nebenbei von der Bildermaus zum echten Leselöwen!

Ihre
Bildermaus

Ann-Katrin Heger

Der mutigste Igel der Welt

Illustriert von Elke Broska

Ihre Meinung zählt!

Nehmen Sie jetzt an einer kurzen Elternbefragung
des Loewe Verlags teil und beeinflussen Sie
die zukünftige Entwicklung unserer Kinderbücher:

www.elternbefragung.online

FSC
www.fsc.org
MIX
Papier aus ver-
antwortungsvollen
Quellen
FSC® C018236

ISBN 978-3-7432-0852-0
1. Auflage 2021
© 2021 Loewe Verlag GmbH, Bindlach
Umschlag- und Innenillustrationen: Elke Broska
Umschlaggestaltung: Kathrin Tobian
Vignetten Bildermaus und Sticker: Angelika Stubner
Reihenlogo nach einem Entwurf von Angelika Stubner
Printed in the EU

www.bildermaus.de

Inhalt

Ein Igel ohne Kugel

„Raus aus den 🪶 und 🥚

putzen und 🌾 kämmen!", ruft

jemand. Der kleine 🦔 Ben streckt

neugierig den 🦔 aus dem 🍂.

Geht die ☀️ schon unter? Doch

er sieht nur zwei lustige 👀.

„Freda 🦇?", fragt Ben.

„Bist du das?" – „Logo! Wie viele

kennst du denn?" Freda winkt mit

dem  . „Nur dich!", gibt der

zu. „Genau. Nur mich. Die netteste

und liebste  der 🌍 ."

Die  flattert los und rast wie

ein kaputter 🎈 kreuz und quer

über den dämmrigen ☁️ . Ben

kichert. Dann gähnt er, schüttelt

die 🦇 aus und lässt die 🌿

kreisen. Das tut gut.

10

Jetzt noch die  machen und

er ist fit für die . Die  ist

für den kleinen  sehr wichtig.

Die  schützen ihn. Schließlich

will er nicht von einem  oder

einem  gefressen werden.

Aber was ist das? Sosehr sich

der  auch bemüht, die  will

nicht klappen. „Irgendwas stimmt

nicht", piepst Ben. „Dein  ist

leer", sagt Freda. „Du solltest erst

mal spätstücken."

Sie landet neben Ben im  und

legt ihm eine vor die .

„Bitteschön! Ein ." Hungrig

frisst Ben die auf. „Jetzt noch

ein paar , und ."

„Nun versuche ich es noch

einmal", murmelt der  leise.

Er läuft durch den  zum

alten . Daneben ist ein

mit schöner, lockerer 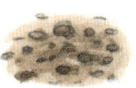. Dort

findet der  immer einen .

Und manchmal eine fette .

Wie gut die   duftet! Schnell

steckt er seine  hinein und

wühlt und schmatzt. Freda flattert

neben ihm auf und ab wie ein [image].

„Und jetzt die   biegen und

den 🦔 krümmen oder wie du

sonst die 🦔 machst", fordert

die 🦇 Ben auf. Der 🦔 nickt und

krümmt den 🦔 und biegt die  .

Nichts passiert. Keine 🦔!

Freda zischt los und holt einen  .

Den hält sie dem  vor die  .

„Spring über den  !", fordert sie

ihn auf. Der kleine  legt die

an. „Meinst du?", fragt er. „Klar!

Hops los", sagt die  .

Der  geht ein wenig zurück und

flitzt wie ein auf den zu.

Dann springt er in hohem

über den . HUI! „Das war !",

ruft Freda .

„Elegant wie eine . Wer so

einen  schafft, der schafft

auch die .“ Ben biegt die

und krümmt den . Doch zu

einer  wird er wieder nicht.

Wütend stampft er mit den

auf. „Zum  noch mal. Ich will

die , , !", brüllt er.

Doktor Freda Fledermaus

„Da ist heute echt der  drin.“

Die  wundert sich. „Der

leere  und die müden  sind

nicht schuld.“ Sie kratzt sich mit

der  am . „Komm mit an

den „, sagt sie und fliegt voraus.

Der trippelt hinterher.

Runter von der  und über

den  mit den vielen .

Am  steht eine . Neben

der  steht ein . Dort hängt

Freda sich kopfüber an einen

und lässt die  baumeln.

„Entspann dich", schlägt sie vor.

„So wie ich. Das ist wie .

Dann klappt es mit der ." Der

kleine 🦔 guckt auf das 🌊.

Der 🌙 und die ⭐ spiegeln sich

darin und glitzern wie 💎.

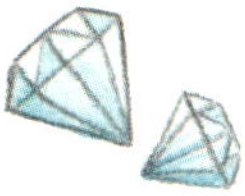

Der  fährt über das . Und

nun tanzen und wirbeln die 💎

auf den  hin und her. Der 🦔

macht die 👀 zu und lächelt.

„Spürst du den , hörst du

das ?", fragt die 🦇.

Ben macht die  auf und nickt.

„Jetzt klappt die  ", sagt er

leise. Mutig biegt er die und

krümmt den . Er bemüht sich.

Wirklich. Doch oje! Wieder nichts.

„Deine  hat nicht geholfen",

sagt Ben traurig. Die 🦇

antwortet nicht. Alles ist still.

„Freda 🦇?", ruft der

kleine 🦔 ängstlich. „Wo bist du?"

Er läuft um den  herum und

guckt nach oben. Der , an dem

Freda gehangen hat, ragt wie ein

starrer 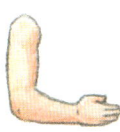 in den dunklen  .

WUUUUUSCH!

Plötzlich ist Freda  da.

Genau vor seiner . Sie streckt

ihm die  raus. Dabei rollt sie

mit den  und bläst die

dick auf.

Sie kitzelt ihn mit dem  an

seinem . Der kleine  lacht,

dass die  beben. Er lacht

und lacht und hopst dabei über

die  fast bis zum  hinunter.

„Aufhören, aufhören", japst er.

Freda klatscht in die . „Also,

da lachen ja die , wenn es

jetzt nicht klappt!", ruft sie. „Lachen

ist nämlich auch !"

Beste Freunde für immer

Der kleine 🦔 schüttelt kichernd

den 🦔. „Weißt du was? Die

blöde 🦔 ist mir 🌭", sagt er.

„Wir spielen lieber. Häng dich an

deinen 🌿 und zähle bis 10.

Ich verstecke mich!" – „Okay." Freda

hält sich mit den 🦇 die 👀 zu.

Der   wuselt zum hohen ,

das um den  herum wächst.

Schnell biegt er die ||ʁ weg und

kriecht dazwischen. „1,2,3,4,5...“,

hört er Freda zählen.

Doch da sieht er einen großen

am  gleiten. Eine  !

Die ist bestimmt hungrig. Und sie

frisst gerne  ! Der kleine

erschrickt. Er ist so aufgeregt, dass

seine  klappern.

Die  kann Ben im  nicht

sehen. Freda  dafür umso

besser. Und tatsächlich: Die

fliegt direkt auf die kleine

zu. Die  bereit, die  zu

packen und wegzutragen.

„Freda!", schreit der kleine  und

rast zum . „Ben!", ruft Freda

und lässt sich wie ein  vom

plumpsen. Direkt vor Bens .

Der kleine  spürt die  der

über sich. Und gerade als die

Freda mit ihren  packen will,

da schafft er es: die !

Mühelos rollt Ben sich ein, die

kleine  dicht an seinen

gedrückt. Er hört ihr  laut

schlagen. Doch die scharfen

der  können Freda nichts tun.

Bens spitze  schützen sie.

Beleidigt fliegt die  weg und

der kleine  entrollt sich. Freda

streichelt Ben über das weiche

am  . „Danke", sagt sie. „Ich

wusste, dass du die  kannst."

„Ich konnte sie nur für dich",

antwortet der kleine  und stupst

Freda sanft mit der  an.

Dann lachen beide. Von einem

zum anderen .

Die Wörter zu den Bildern:

 Federn

 Fledermaus

 Schnauze

 Flügel

 Stacheln

 Welt

 Igel

 Luftballon

 Kopf

 Himmel

 Blätterhaufen

 Beine

 Sonne

 Kugel

 Augen

 Nacht

 Fuchs

 Würmer

 Dachs

 Garten

 Bauch

 Baum

 Gras

 Gemüsebeet

 Fliege

 Erde

 Nase

 Flummi

 Geschenk

 Stock

 Käfer

 Blitz

 Schnecken

 Bogen

 Bombe

 Bank

 Ballerina

 Ast

 Füße

 Medizin

 Kuckuck

 Wasser

 Kralle

 Mond

 See

 Sterne

 Wiese

 Diamanten

 Weg

 Wind

 Steine

 Wellen

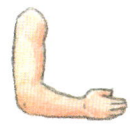 Arm

 Halme

 Zunge

 Schatten

 Backen

 Eule

 Hühner

 Herz

 Wurst

 Fell

 Schilf

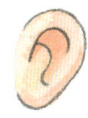 Ohr

Ann-Katrin Heger arbeitete viele Jahre als Redakteurin in verschiedenen Kinder- und Jugendbuchverlagen, bevor sie sich als Autorin selbstständig machte. Sie lebt mit Mann, Kindern, Kater und Büchern in Fürth.

Elke Broska, geboren 1980, studierte Grafik- und Kommunikationsdesign an den Fachhochschulen in Bielefeld und Mainz mit den Schwerpunkten Illustration und Buchgestaltung. Seit 2007 ist sie als freie Illustratorin für zahlreiche Verlage tätig. Sie lebt und arbeitet in Wiesbaden.

Noch mehr Lesespaß!

ISBN 978-3-7432-1008-0

ISBN 978-3-7432-0910-7

ISBN 978-3-7432-0911-4

ISBN 978-3-7432-0759-2

Loewe
Das will ich lesen!